Gefangen im Corona-Dschungel

Zum Buch:

Wie jedermann von den Corona-Maßnahmen gebeutelt, zerrissen und sich sehnlichst Freiheit zurückwünschend, beschloss Angelika Klaffert in einer schlaflosen Nacht im April 2021, für ihren ein Jahr zuvor geborenen Enkel Leo ein Zeitzeugnis zu erstellen, in dem sie anhand ausgewählter Geschichten und Erfahrungen festhielt, wie sie selbst und viele Menschen die Krise belastete.

Der Titel weist bereits darauf hin, wie verwirrend Meldungen, Vorschriften und Verordnungen wirkten, wie sich das Leben dadurch enorm verkomplizierte und welchen Einfluss all das auf die Stimmung im Lande hatte.

So entstand in klaren, unmissverständlichen Versen ein kurzweiliges, kompaktes, aber dennoch breit gefächertes Spiegelbild der Gesellschaft in Form einer Chronologie, das neuralgische Punkte der Geschehnisse zwischen März 2020 und April 2021 berührt und in dem sich jeder wiederfinden kann.

Zur Autorin:

Angelika Klaffert, geboren 1957 in Mecklenburg-Vorpommern, studierte in den 70er-Jahren Anglistik und Slawistik an der Universität Greifswald und arbeitete bis zum Sommer 2020 als Lehrerin in Berlin.

Angelika Klaffert

Gefangen
im
Corona-Dschungel

Rückblicke

Bibliografische Information der Deutschen Nationalbibliothek:
Die Deutsche Nationalbibliothek verzeichnet diese Publikation in der Deutschen Nationalbibliografie; detaillierte bibliografische Daten sind im Internet über http://dnb.d-nb.de abrufbar.

© 2021 Angelika Klaffert
Satz, Umschlaggestaltung, Herstellung und Verlag:
BoD – Books on Demand, Norderstedt
ISBN 978-3-7557-6188-4

Inhalt

Für unseren Enkel Leo

Für dich, lieber Leo, hab' ich diese Verse gemacht,
damit du später weißt, wie wir einst die Zeit verbracht,
als du noch zu klein warst, um bewusst zu erleben,
wie die Krise wütete gleich einem globalen Beben.

Willst du einfach mal wissen, was damals geschah?
Nimm dieses Buch und lies die Zeilen deiner Großmama.
Beim Stöbern in Omas »Corona-Dschungel« kannst du ein wenig darüber erfahren,
was viele Menschen bewegte und wie man lebte in jenen Jahren.

Ab in den Dschungel

Corona hat unsere alte Welt
komplett auf den Kopf gestellt.
Nichts ist, wie es einmal war,
überall lauert **DIE** Ansteckungsgefahr.
Mundschutz, Abstand, Menschen meiden,
keiner will an Covid leiden.

Unser Leben ist vollkommen aus der Bahn,
was für ein Horror, welch ein Wahn.
Arbeit, Freizeit, fast nur noch zu Haus'.
Alle drängt es einfach raus.
Wie kann der Mensch diesen Zustand kompensieren???
Spazieren, spazieren, spazieren, spazieren!!!

Hinein in den Dschungel von Meldungen und verwirrenden Vorschriften,
die das Leben enorm verkomplizieren und die Stimmung zunehmend vergiften.

Die Rache der Natur?

Vermutlich begann es im fernen Wuhan.
Eine Kugel mit bohrenden Nadeln brach sich dort ihre Bahn.
Reiste von Land zu Land ohne Pass,
verschaffte sich rücksichtslos weltweit Einlass.

Verbreitete Krankheit, Schrecken, Angst und Tod,
Sorgen, Verwirrung und auch viel Not.
Hilflosigkeit und viele Fragen,
doch wir Menschen dürfen deshalb nicht verzagen.

Haben wir all das gar selbst provoziert?
Mutter Erde vergessen, zu viel konsumiert?
Ist dies vielleicht die Rache der Natur?
Wir können das ändern, wollen müssen wir nur!

Heimtückischer Krieg

Februar, März 2020, die erste Welle beginnt.
Das Virus erobert Europa geschwind.
Tummelt sich an Orten, wo viele Menschen sich aufhalten,
kann sich dort ungestört nach Herzenslust entfalten.

Breitet wie ein Krake lustvoll seine Fangarme aus.
Urlauber nehmen es aus Skigebieten unbemerkt mit nach Haus'.
Dort angekommen, verursacht es unkontrollierte Kettenreaktionen,
manchenorts gibt es Ausbrüche vergleichbar mit Explosionen.

Studien und Daten werden erhoben,
Wissenschaftler und Politiker beginnen sich daran auszutoben.
Mahnen die Menschen zu Hause zu bleiben,
in der Hoffnung, das Virus so erfolgreich zu vertreiben.

Doch dieses ist zäh, lässt sich nicht verbiegen.
Seine Kraft werden wir bald richtig zu spüren kriegen.
Wir geben nicht auf, wir vertrauen auf Sieg.
Doch was auf uns zurollt, ist ein heimtückischer Krieg.

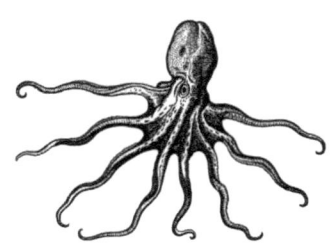

Willkommen im Lockdown

Lockdown? Shutdown? – Was ist das?
Meint man das ernst oder ist das schlechter Spaß?
Läden schließen? Schulen dicht?
Alles Leben runterfahren? – Geht doch nicht!!!
Geht sehr wohl, wie wir schnell erleben,
müssen uns dieser Anordnung widerwillig ergeben.

Straßen und Plätze sind leer gefegt,
kaum noch etwas, was sich bewegt.
Surreal wie in einer Science-Fiction-Story von Bradbury,
wir befinden uns mittendrin in einer Pandemie.

Shopping-Fieber

April 2020

Zum Shoppen kann man nur noch in Supermärkte gehen,
unter Umständen sich dort die Beine in den Bauch stehen.
Am Eingang Security, begrenzte Kundenzahl,
der Einkauf selbst gestaltet sich fast zur Qual.

Keine Nudeln, kaum Büchsen, kein Klopapier in den Regalen.
So was konnte man sich früher selbst in den kühnsten Träumen nicht ausmalen.
Geht man denn jetzt häufiger Pipi und isst mehr Pasta?
Egal: Online-Shopping wird derzeit zum Freizeitlaster.

Amazon und Co. können sich kaum noch retten
vor Bestellungen für Kleidung, Möbel und sogar Betten.
Verdienen sich dumm und dämlich in diesen Zeiten,
ganz ohne Steuern zu zahlen in unseren Breiten.
DHL wirkt ständig komplett überfordert
von all dem, was der Mensch jeden Tag so ordert.

Feste Anker

Caro und Jens wollen sich im Frühling das Jawort geben,
die Familie freut sich, eine tolle Feier zu erleben.
Vorbereitungen werden getroffen, das Brautkleid hängt bereit,
die Vorfreude wächst, bald ist es so weit.

Ringe werden gekauft und graviert,
Gedichte und Überraschungen einstudiert.
Doch dann Ende März wird alles abgesagt,
die Party auf ein Jahr später vertagt.

Auch Ort und Zeit der Eheschließung sind nicht geblieben,
die Behörde musste sie 2 Tage vor- und anderswohin schieben.
Vor die Standesbeamte treten beide dann mutterseelenallein,
weder Eltern noch Geschwister dürfen in den Raum hinein.

Haben das alles beherzt akzeptiert, enttäuscht zwar, doch unverdrossen,
Freunde und Familie haben sie in Gedanken liebevoll in die Arme geschlossen.
SIE sind die festen Anker in diesen stürmischen Zeiten,
die uns zuverlässig mit Liebe und Respekt durch alle Unwägbarkeiten begleiten.

Opa allein im Heim

Opa hat seit Jahren im Heim sein Zuhaus',
ist gebrechlich, sitzt im Rollstuhl, kommt kaum noch raus.
Eingestellt ist nun jeglicher Besuch.
Er wird mein Vorlesen vermissen aus einem Buch,
gemeinsame Spaziergänge, kleine Einkäufe und alle Sachen,
die Abwechslung für ihn sind und ihm Freude machen.

Wir dürfen ihm nur hinter der Scheibe zuwinken,
nicht in seiner Nähe sein oder Kaffee mit ihm trinken.
Von Weitem sehe ich Tränen in seinem Gesicht.
Verkneif mir das Heulen, denn das hilft ihm nicht.
Hab auch keine Ahnung, wie lange das so gehen soll
und habe von alledem die Nase gestrichen voll.

Kein Streicheln, ihm Wärme und Liebe geben,
es bricht mir das Herz, das zu erleben.

Laudatio auf Lebensretter

Kerzen in Fenstern als Dankeschön.
Dass das nicht ausreicht, kann ich sehr gut versteh'n.
Zwar ist diese Geste äußerst herzlich gemeint,
genügt jedoch nicht, wenn man täglich an fremden Betten weint.

Tagein, tagaus, Krankheit, Tod erfährt
und diese mit all seinen Kräften abwehrt.
Dabei stets am Limit, durchweg unter Strom,
voller Engagement, mit unendlich viel Emotion.

Nicht mit EINEM Bonus und guten Worten kann man das abtun,
was Menschen hier leisten, ohne auszuruh'n.
All das nicht entsprechend zu honorieren,
ist extrem beschämend und nicht zu akzeptieren.

Stattdessen werden Unsummen ständig verschossen,
zum Beispiel für reiche Großkonzerne, die hätten ansonsten geschlossen.
Die nur auf Bilanzen und Profit spekulieren,
für den Menschen sich jedoch keineswegs interessieren.

Da fragt man sich glatt: Ist das gerecht?
Beim Nachdenken darüber wird mir richtig schlecht.
Ich wünsche mir für alle Ärzte, Pfleger und Schwestern,
dass man sofort aufhört mit dieser Politik von gestern.

**Ihre Leistungen würdigt mit Anerkennung und viel mehr Geld,
wie es sich gehören sollte, in einer dem Menschen zugewandten Welt.**

Erst mal wacker geschlagen

Schlimme Warnungen von Herrn Christian Drosten,
Chefvirologe der Charité in Berlins mittlerem Osten.
In Podcasts und online ist er oft zugange,
nimmt uns permanent in die Corona-Zange.

Auch der Herr Wieler vom RKI
verbreitet viel Angst und Massenhysterie.
Bilder aus New York und Bergamo
machen uns täglich alles andere als froh.

Wir hören von Triage und Toten überall
und hoffen, der Dämon kommt endlich zu Fall.
Es wird langsam wärmer, die Zahlen gehen runter.
Der Frühling belebt uns, wir werden wieder munter.

Läden öffnen, Restaurants darf man wieder besuchen,
im Inland sogar tolle Reisen buchen.
Ab Juni geht's los mit dem Urlaub machen,
AHA-Regeln nicht beachtend lässt mancher es ordentlich krachen.

Wir denken, wir sind übern Berg, von Zuversicht getragen,
unser Land hat sich in der ersten Welle wacker geschlagen.

Wieder in den Startlöchern

Der Sommer vergeht, Corona scheint ein wenig vergessen,
dennoch: Monatelang wird auf uns eingeredet wie besessen.
Wir sollten langsam wieder in Deckung gehen,
denn das Virus würde abermals in den Startlöchern stehen.

Konzepte werden allerdings keine gestartet,
stattdessen wird viel geschwafelt und abgewartet.
Die Zahlen steigen, die Wissenschaft schreit,
im Spätherbst folgt ein sogenannter Lockdown light.

Nichts Halbes, nichts Ganzes, Weihnachten ist nicht mehr fern.
Wie das ablaufen soll, wüssten die Menschen ganz gern.
Festgelegt wird, Feiertage nur im allerengsten Kreis,
sämtliche Aktivitäten liegen gänzlich auf Eis.

Dieses eine Mal werden wir auch das aushalten,
in der Hoffnung, das nächste Fest können wir wie gewohnt gestalten.
Ende des Jahres, an Aussichten gibt es nicht viel,
da kommen unerwartet zeitig neue Impfstoffe ins Spiel.

Gefangen im deutschen Verwaltungsirrgarten

Zahlreiche Impfzentren werden aufgemacht,
dort soll man uns stechen möglichst Tag und Nacht.
Wenn's geht auch an Sonn- und an Feiertagen,
um uns schnellstens zu befreien von den Covid-Plagen.
Es wird deutlich, dass Impfstoff hier überall fehlt,
Europa sich mit Firmen und Bestellungen rumquält.

Die Regierung hat der EU dafür alle Kompetenzen übertragen
und denkt nicht im Traume daran, auch Soloschritte zu wagen.
Im Volke brodelt's, es ist wütend, voller Verdruss.
Man fragt sich, wie lange man so viel Unvermögen noch ertragen muss.
Weltweit hinkt Deutschland beim Impfen hinterher,
tut sich dank preußischer Bürokratie doppelt schwer.

Israel, Chile und andere zeigen uns, was alles geht,
wie man umsichtig handelt, was riskiert und deutlich besser dasteht.
Im zweiten Quartal geht das Impfen dann voran.
Man folgt konsequent einem Priorisierungsplan,
der vorsieht, Alte und Vorerkrankte zuerst zu spritzen,
damit diese schnellstmöglich Immunität besitzen.

Für den Rest heißt es Ärmel hochkrempeln und schön brav warten,
bis man an der Reihe ist, gemäß dem deutschen Verwaltungsirrgarten.

Für und Wider

Biontech aus Mainz ist zuallererst da,
gefolgt von Moderna aus den USA.
Auch von AstraZeneca wird man bald aufgeregt reden,
schließlich will man sich nicht lumpen lassen in Oxford und Schweden.

Die Hoffnung auf Leben in mehr Normalität
liegt im Erreichen der Herdenimmunität.
Dazu muss die Zahl der Resistenten erheblich sein,
ansonsten stellt sich der gewünschte Effekt nicht ein.
Dies wird uns überzeugend in den Medien vermittelt,
wer zögert und zweifelt als Impfskeptiker betitelt.

Per Notzulassung werden diese Mittel verwendet
und mancher hat Angst, dass der Piks unheilvoll für ihn endet.
Diese Bedenken **MUSS** Demokratie akzeptieren
und Nicht-Mainstream-Sein gegebenenfalls tolerieren.

Sorgenkind AstraZeneca

AstraZeneca ist einer der mächtigen Pharmariesen,
die Milliarden Gewinne machen wollen und keine Miesen.
Mit Vertragsbrüchen fängt das ganze Dilemma an,
begleitet von Lieferungen, die man nicht einhalten kann.

Weil der Hersteller ausreichende Daten für Ältere vermissen lässt,
wird der Stoff hierzulande zunächst für unter 65-Jährige eingesetzt.
Diejenigen, die den langersehnten Shot dann kriegen,
fallen zum Teil reihenweise um wie die Fliegen.

So legt Astra über Nacht ganze Abteilungen lahm,
weil Schüttelfrost, Schmerz oder Fieber über Geimpfte kam.
Hirnvenenthrombosen – auch mit Todesfolge – registriert man bei jüngeren Frauen.
Das Mittel droht den gesamten Impfplan umzuhauen.

Abgesetzt, wieder eingesetzt, oft ausgeschlagen,
sorgt das Vakzin für massives Unbehagen.
Politiker, Virologen lassen sich öffentlich impfen,
doch auch das verhindert nicht das allgemeine Schimpfen.

Die Impfversprechungen geraten zusehends ins Wanken,
unter anderem,
weil Missmut, Angst und Vertrauensverlust
sich pandemisch um Vektorimpfungen ranken.

Politiker-Wirrwarr

Corona verlangt allen Menschen Ungeahntes ab,
auch den Politikern und dem Führungsstab.
Verordnungen, Regeln werden erlassen,
egal, ob wir sie wollen oder ob sie uns passen.

Das Parlament sitzt im Hintergrund, wird nicht gefragt.
Das hätte man vor Kurzem nicht zu denken gewagt.
Was hat das noch mit Demokratie zu tun,
wenn die Volksvertreter dazu verdammt sind, sich auf den hinteren Rängen auszuruh'n?

Manche Grundrechte gelten schon längst nicht mehr.
Ständig kommt man mit neuen Parolen daher.
Regierende haben den Kompass verloren,
ihr wilder Aktionismus lässt uns weiter schmoren.

Versprechungen werden gemacht und gebrochen.
Der ganze Wirrwarr bringt das Volk noch zum Kochen.
Flickenteppich hier, Kleinstaaterei da
sind das Ergebnis häufiger MPK*.

Genutzt wird etliches für die nächste Wahl,
das Hin und Her entwickelt sich zur reinsten Qual.
Nichts ist sicher, vieles ungewiss,
einfache Abläufe avancieren zum nervenaufreibenden Quiz.

Selbsttest oder Schnelltest, was braucht man hier?
Kann **ICH zu** meinen Freunden oder **SIE zu** mir?
Widersprüche tun sich mir ständig auf.
Will ich das noch verstehen oder pfeife ich drauf?

*Ministerpräsidentenkonferenz

Maskenskandal und Impfstoffwahn,
kaum Strategie, Herr Minister Spahn.
Der Fisch beginnt bekanntlich vom Kopf her zu stinken.
Wird unser Land wohl noch im Chaos versinken?

Regieren in solch einer Krise ist sicherlich schwer,
drum müssen schnelle Entscheidungen und kluge Macher her,
die über den Tellerrand schauen und etwas riskieren,
mit redlichen Absichten, ohne auf sich und die anstehende Wahl zu fokussieren.

Nur klare Pläne und flexibles Handeln führen letztlich zum Ziel.
Verlangen wir damit von unserer Regierung zu viel?

Sterbende Städte

Innenstädte wirken trostlos und gespenstisch leer,
kein Gewusel und munteres Markttreiben mehr.
Geschlossen sind kleine Lädchen und Boutiquen,
die stets zum Bummeln einluden mit ihren Auslagen und Requisiten.

Kaufhäuser fungieren nur noch als Lagerhallen,
in denen weder Fenster noch Türen knallen.
Abgedunkelte Kneipen mit aufgestellten Stühlen
lassen deren nahenden Tod erfühlen.

Melancholie erfasst mich, wenn ich durch die Straßen gehe
und die Tristesse in allen Ecken und Winkeln sehe.
Mein Geist will in die alte Betriebsamkeit eintauchen,
meine Lunge der sterbenden Stadt wieder Atem einhauchen.

Einsamer Tod

Selbst Krankenhäuser haben ihre Pforten für Besucher dichtgemacht,
kein Kommen und Gehen bis spät in die Nacht.
Kein Umsorgen und Kümmern um Freunde oder Verwandte,
auch hier geben die Vorschriften allen Betroffenen voll die Kante.

Kein Abschiednehmen, keine liebevollen Worte auf den letzten Weg mitgeben,
kein vertrautes Lächeln beim Übergang in den Zustand nach dem Leben.
Kein Platz für Liebe und menschliche Seelen.
Dieser Umstand wird Hinterbliebene bis in alle Ewigkeit quälen.

»Corona-Kinder«

Schule ist ein leerer Ort nun.
Lernen dort muss erst einmal ruh'n.
Homeschooling tritt stattdessen in Kraft,
Eltern und Kinder sind davon gleichermaßen geschafft.

Lehrer müssen zu Hause bleiben
und sich mit Online-Unterricht die Nerven aufreiben.
Vieles funktioniert schlecht, wird ständig neu probiert.
Computerkenntnisse werden gebraucht und aufpoliert.

Die ganze Schulwelt wirkt hin- und hergerissen.
Auf der Strecke bleibt für Lernende solides Wissen.
Wie werden die »Corona-Kinder« einst ins Leben gehen?
Können sie kommende Herausforderungen überhaupt bestehen?

Alles, was Heranwachsende brauchen, ist ihnen komplett versagt.
Wird in der Zukunft denn jemals danach gefragt?
Sind junge Menschen gerüstet für all das, was auf sie zukommt?
Unlösbare Fragen stellen sich mir diesbezüglich prompt.

Reif für die Klapsmühle

Anne und Martin, im Job gefragt und qualifiziert,
haben sich nun zum Arbeiten zu Hause einquartiert.
Timmy, der Kleine, darf nicht mehr in den Kindergarten.
Paula, die Große, muss auf E-Mails mit Schulaufgaben warten.

Martin vorm Laptop muss Timmy bespaßen,
Anne darf mit Paula die nächste Video-Konferenz nicht verpassen.
Sie selbst müssen im Homeoffice Termine einhalten,
den Chef kontaktieren, Projekte verwalten.

Darüber hinaus ist auch noch der Haushalt zu schmeißen.
Für alle heißt es durchhalten und die Zähne zusammenbeißen.
Das Chaos im Heim ist so kaum zu umgehen.
Man versucht es mit Rücksicht und einander verstehen.

Doch bahnt sich nicht demnächst Veränderung an,
sind alle reif für die Klapsmühle irgendwann.

Der Traum von Freiheit

Geburtstag feiern ohne Gäste,
keine coolen Partys oder Feste.
Weder Freunde noch Klassenkameraden treffen,
in der Pause mal Spaß haben, den Lehrer nachäffen.
Sozialer Austausch findet kaum noch statt,
das ewige Zuhausesitzen haben alle bis oben hin satt.

Halt durch Freunde, den ein junger Mensch braucht und mag,
ist gestrichen und fällt regelmäßig aus Tag für Tag.
Teenager sind genervt, wollen all dem entfliehen,
sich in virtuelle Computerwelten möglichst oft zurückziehen.
Sind es nicht mehr gewohnt zuzuhören, richtig aufzupassen,
auf andere zuzugehen oder ihnen das Feld zu überlassen.

Schulabschlüsse, Prüfungen geben häufig Grund zu Sorgen
ebenso wie Pläne für die Zukunft und das unklare Morgen.
Angst und Depression begleiten so manchen durch das Jahr,
seelisches Gleichgewicht gerät zunehmend in akute Gefahr.
Die Mühen vieler Eltern sind nicht hoch genug zu honorieren,
doch den Traum von Freiheit kann auch ihr Wirken nicht kompensieren.

Vergessene Kinder

Manch ein Heranwachsender wird nicht gut behütet zu Haus',
Vater oder Mutter flippen manchmal aus.
Scheinen überfordert mit Liebe und hingebungsvoller Pflege,
Sohn oder Tochter sind ihnen einfach im Wege.

Für diese jungen Menschen ist der Lockdown mindestens doppelt schwer,
die Gesellschaft gibt keine gebührenden Lösungen für sie her.
Niemand weiß, welchen Taten sie ausgesetzt sind.
Welche seelische Zermürbung erfährt so ein Kind?

Man kann sich dies alles nur vage vorstellen und kaum ermessen,
doch diese Kinder werden im Stich gelassen, von Gott und der Welt vergessen.

Test-Stress für Nicht-Handy-Freaks

April 2021

Ostern steht vor der Tür, wir wollen die Familie besuchen,
gemeinsam Zeit verbringen bei Kaffee und Kuchen.
Um alle zu schützen, steht für uns fest,
wir gehen in die Apotheke zu einem Schnelltest.

Dort angekommen, stellen wir uns auf der Straße in die Schlange.
Beim Lesen der Anweisungen wird uns bereits angst und bange.
Handy raus, geforderte Daten eingeben,
doch was müssen wir dann im Ergebnis erleben?

Dreimal alles eingetippt und doch nicht funktioniert!
Was haben wir denn nun schon wieder nicht kapiert?
Vor uns in der Reihe, eine nette Frau steht.
Ich frage sie freundlich, wie das Anmelden denn geht.

Geduldig erklärt sie, was wir selbst schon probiert.
Mensch, sind wir denn blöde? Wir haben doch studiert!
Trotz aller Versuche, es klappt leider nicht.
Wir bleiben Opfer im Technik- und Beamtendickicht.

Schwitzend, nervös, sind wir endlich drin.
Ich halte der Dame am Schalter mein Handy hin.
»Tut mir leid. Das mit dem Anmelden hat nicht geklappt.«
Daraufhin wird nun mein Personalausweis geschnappt.

Alle Daten erfassen, mir 'ne Kundenkarte reichen.
Beim nächsten Mal ist nur noch der QR-Code abzugleichen.
Zackig geht's weiter, wie beim Militär,
Mund auf, Stäbchen drehen und kein bisschen mehr.

Freundliches »Tschüss« und »Auf Wiedersehen«.
Beim nächsten Test wird es dank Karte unkomplizierter gehen.
Zwölf Minuten später, zu Hause angekommen,
wird das Negativ-Ergebnis dem Computer entnommen.

Ab ins Auto und los geht es nach MV,
Ostersonntag wird stressfrei, das wissen wir nun **(FAST!!!)** genau.

Sehnsucht

Spazieren und irgendwo nett einkehren,
Milchkaffee schlürfen und Eis verzehren.
Konzerte besuchen, ins Kino und Theater gehen,
vor Bildern und Plastiken in einer Ausstellung stehen.

Museen erkunden, auf den Fernsehturm fahren,
einzigartige Momente im Geiste bewahren.
Ans Meer oder in die Berge reisen,
Freunde treffen und mit ihnen speisen,
blödeln, reden, einfach fröhlich sein,
tanzen bis in den nächsten Morgen hinein.

Sport in der Gruppe oder im Team.
Fußball im Stadion bleibt ein Dream.
Auch im TV ist nichts, wie es war,
zwar laufen die Shows, doch das Publikum ist rar.
Einfach mal shoppen, Verkäufer was fragen,
bummeln, Einkaufstüten nach Hause tragen.

Sehnsucht nach dem stinknormalen Leben!
Wird es das irgendwann wieder für uns geben?
Kommt alles zurück, was wir so sehr vermissen?
Wenn ja, werden wir es hoffentlich zu schätzen wissen.

Hoffnung auf den kommenden Tag

Zeitung auf, Nachrichten online lesen.
Was ist in den letzten Stunden wieder los gewesen?
Auch im TV lässt sich Zahlloses finden.
Wie kann man sich durch all diesen Wust nur winden?

Inzidenzen hier, R-Werte dort,
Angst schürende Beiträge in einem fort.
Mahnende Gesichter versuchen uns zu lenken,
als hätten wir keinen Kopf zum selbstständig Denken.

Talkshows mit vielen bekannten Personen,
die in Hamburger oder Kölner TV-Studios thronen.
Lanz, Will, Illner und wie sie alle heißen,
können zwar letztendlich auch nichts mehr reißen:

Jedoch ist man froh zu hören und zu sehen,
dass selbst respektable Größen die Welt auch nicht mehr verstehen.
Sich die Haare raufen, mitunter sehr scharf argumentieren,
aneinandergeraten und oft auch recht heiß diskutieren.

Angespannt spürt man infolgedessen den eigenen Herzschlag
und hofft, er bringt Aufmunterndes, der kommende Tag.

Vom Wandel der Sprache

Unsere Sprache wächst mit jedem Tag,
auch das ist etwas, was Corona vermag:

Zero-Covid, Mutation, exponentiell
lesen wir täglich und verinnerlichen dies schnell.
Homeoffice, Homeschooling, injiziert,
haben wir längst in die Umgangssprache integriert.
Pandemie, Vakzine, Low-Care-Bett,
Zoonose, Lockdown und Video-Chat.
Cluster, Superspreader, Covidioten
braucht man zum Erkennen und genauen Ausloten.
Warnapp, Hotspot, Gesichtskondom
gehen zurück auf das Corona-Syndrom.
Physical Distancing, Fast-Track-Test,
geben uns täglich so ziemlich den Rest.

Der gute alte Duden dürfte da wohl kaum mehr reichen.
Man muss auf Online-Portale ausweichen.
Eventuell einen Übersetzer befragen,
denn selbst unsere Sprache krankt in diesen Tagen.

Goethe und Schiller würden sich glatt im Grabe umdrehen,
denn **SIE** könnten **UNSER** Deutsch nur noch brockenweise verstehen!
Bin kurz vor dem Platzen, aus mir bricht ein Fluch.
Gehe **MÜTEND*** ins Bett, unterm Arm ein romantisches Kurt-Tucholsky-Buch.

*Während der Corona-Zeit entstandenes Wort, bestehend aus müde und wütend.

Querdenken

Querdenken, anders sein, ist grundsätzlich gut.
Es braucht wachen Geist und erfordert viel Mut.
Weil man so neue Ideen integrieren kann,
bringt es günstigenfalls alles Leben voran.

Jedoch:

Vor umtriebigen Windmachern sollte man sich hüten,
die Fruchtbares unterwandern und Faules ausbrüten.
Dann ist Segensreiches bisweilen dahin
und Wegweisendes ergibt nicht mehr den ursprünglichen Sinn.

Dem Tode geweiht

Dem Tode geweiht sind Mittelstand, Kunst und Kultur
durch der Regierung Verordnungen und manchen Beschluss,
diesen Branchen zugehörig man seit Monaten auch zu Hause bleiben muss.
Das alte Kabinett in seiner Schwäche zieht sich in seine Amtsräume zurück.
Von dorther schickt es via Medien oft verwirrende Verfügungen ins Land
und bringt die Bevölkerung damit fast um den Verstand.

Das wiederum ist stets gefundenes Fressen für AfD und Co.,
die poltern von rechts wie schon oft irgendwo.
Doch an konstruktiven Ideen fehlt's von allen Seiten,
vielen Mittelständlern und Kulturschaffenden drohen handfeste Pleiten,
Arbeitslosigkeit, Existenzängste, Suizid, keine Zukunftsvisionen,
weder Angebote noch verheißungsvolle Wirtschaftsoptionen.

**Wir brauchen diese Menschen ganz dringend hier,
denn sie sind für uns unverzichtbares Lebenselixier.**

Kunst und Wirklichkeit

Künstler sind mit ihren Mitteln auf die Barrikaden gegangen,
um auszudrücken, dass sie um die Zukunft bangen.
Äußern durch provokantes Überspitzen, was nicht funktioniert,
Regierung und Medien fühlen sich angegriffen und diffamiert.

Vereinzelt ist tatsächlich Geschmackloses dabei.
Aber welcher Mensch ist gerade in diesen Zeiten schon von Irrwegen frei?
Statt sich kultiviert zu streiten, auf Fauxpas zivilisiert hinzuweisen,
wird die Moralkeule geschwungen, der Shitstorm droht zu entgleisen.

Von Rauswurf wird gesprochen, es ist eine Schande,
ich glaubte, es gäbe Meinungsfreiheit in diesem Lande.
Sympathie mit rechts wird unterstellt und in Erwägung gezogen,
damit wird er gründlich überspannt, der Bogen.

Diese Masche zieht nun langsam, aber sicher gar nicht mehr,
da müssen schon überzeugendere Argumente her.
Kunst sollte immer kritisch und streitbar bleiben,
nur so hilft sie uns Menschen, uns an der Wirklichkeit zu reiben,
Gegenwärtiges sinnreich voranzutreiben.

Die Hoffnung stirbt zuletzt

21. April 2021

Weitere Grundrechtseinschränkungen werden geplant,
die sogenannte Corona-Bremse angebahnt.
Dies wird eine Änderung des Infektionsschutzgesetzes bedeuten,
erneutes Kopfschütteln bei vielen Leuten.
Bei Überschreiten hoher Infektionswerte muss man etwas tun »überall
in Deutschland und auch immer und in jedem Fall«.*

Ausgangsbeschränkung, Schulschließungen, weitere Kontaktreduzierung
sind die neuesten Forderungen der Regierung.
Abermalig Bürgerrechte dabei einfach so zu übergehen,
ist mittlerweile weder einzusehen noch zu verstehen.
Einwände und Widerspruch sind vorprogrammiert,
wenn diese Änderung tatsächlich passiert.

23. April 2021

Und wirklich, das Gesetz ist in Windeseile über uns gekommen.
Bin ob dieser Nachricht empört und zugleich benommen.
Unsere Nerven liegen blank, wir können nicht mehr.
Es müssen zügig positive Veränderungen her,
die den Menschen Mut und Normalität zurückgeben im Hier und im Jetzt.
Wir lassen uns nicht unterkriegen, unsere Hoffnung stirbt zuletzt.

*Vizekanzler Olaf Scholz am 21. April 2021 im Bundestag

Ideale bis zum Schluss

April 2021

Corona kam wie ein Tsunami mit ausufernder Macht,
zahlreiche Theorien wurden aufgestellt und Diskussionen entfacht.
Die Krise hat erbarmungslos nach oben gekehrt,
vieles, was bereits schwelte, worum sich kaum jemand geschert.

Wie es hinterher weitergehen könnte, hat man zwar thematisiert,
Modelle oder Konzepte bislang jedoch nicht konkretisiert.
Ist dies ein Wendepunkt, ein Wink, alte Systeme aufzugeben,
für jedermann Wertvolleres, Menschenwürdigeres anzustreben?

Hin- und hergerissen von allem, was wir täglich erleben,
will ich meine Ideale von einer gerechteren Welt bis zum Schluss nicht aufgeben.

An die, die nach uns kommen

Wir haben viel gewollt, manches nicht recht bedacht.
Drum bitte ich euch inständig, gebt gut auf **ALLES** acht,
damit ihr für euch und die Zukunft ganz viel besser macht.